HISTORIAS GRÁFICAS
EL ATAQUE A PEARL HARBOR

HISTORIA:
ELIZABETH HUDSON-GOFF Y MICHAEL V. USCHAN

ILUSTRACIONES:
GUUS FLOOR, MIKE BEAR, ALEX CAMPBELL, Y ANTHONY SPAY

WORLD ALMANAC® LIBRARY

¡RECUERDEN PEARL HARBOR!

MUY TEMPRANO LA MAÑANA DEL 7 DE DICIEMBRE DE 1941, LA MUERTE CAYÓ DEL CIELO SOBRE HAWAI. CIENTOS DE AVIONES JAPONESES BOMBARDEARON UNA BASE MILITAR DE ESTADOS UNIDOS LLAMADA PEARL HARBOR. ¡LAS BOMBAS EXPLOTARON DURANTE MÁS DE UNA HORA! ¡LOS AVIONES EN TIERRA Y LOS BARCOS DE GUERRA DE ESTADOS UNIDOS FUERON DESTRUIDOS! ESTE ATAQUE SORPRESA HIZO QUE ESTADOS UNIDOS ENTRARA A LA SEGUNDA GUERRA MUNDIAL, UN CONFLICTO QUE HABÍA EMPEZADO EN EUROPA EN 1939 Y QUE PRONTO SE EXTENDIÓ A ASIA Y ÁFRICA.

PARA 1941, MILLONES DE PERSONAS HABÍAN MUERTO POR LOS COMBATES Y OTROS HORRORES DE LA GUERRA. ESTADOS UNIDOS SE HABÍA MANTENIDO FUERA DE LA GUERRA HASTA LOS HORRIBLES ACONTECIMIENTOS DE PEARL HARBOR. ESE DÍA TODO CAMBIÓ.

MUCHAS GUERRAS EMPIEZAN PORQUE ALGUNOS PAÍSES QUIEREN DOMINAR A OTROS. EN EUROPA, LA ALEMANIA NAZI AMENAZABA CON TOMAR EL CONTROL DE TODO EL CONTINENTE.

JAPÓN QUERÍA GOBERNAR ASIA. LOS SOLDADOS JAPONESES CAYERON SOBRE VARIOS PAÍSES ¡LISTOS PARA PELEAR!

ALEMANIA, JAPÓN, ITALIA Y ALGUNAS OTRAS NACIONES SE UNIERON Y FORMARON LAS POTENCIAS DEL EJE.

PERO MUCHOS PAÍSES TRATARON DE DEFENDERSE DEL EJE. SE LLAMARON LOS ALIADOS, Y ERAN GRAN BRETAÑA, FRANCIA, RUSIA, AUSTRALIA Y CHINA, ENTRE OTROS. LOS ALIADOS ERAN FUERTES Y ESTABAN DECIDIDOS A GANAR. PERO EL EJE TAMBIÉN ERA PODEROSO.

ADOLFO HITLER, EL LÍDER DE ALEMANIA, QUERÍA DOMINAR A TODA EUROPA. INCLUSO ANTES DEL ATAQUE SOBRE PEARL HARBOR, ALEMANIA YA HABÍA TOMADO EL CONTROL DE VARIOS PAÍSES EUROPEOS.

JAPÓN HABÍA INVADIDO CHINA EN 1937 Y QUERÍA APODERARSE DEL RESTO DEL LEJANO ORIENTE. TORTURABAN Y ASESINABAN A MILLONES DE PERSONAS INOCENTES DE AMBOS LADOS DEL MUNDO.

ESTADOS UNIDOS SE UNIÓ A LOS ALIADOS EN CONTRA DE LAS POTENCIAS DEL EJE. PERO MUCHOS ESTADOUNIDENSES SE REHUSARON A QUE SU PAÍS FUERA ARRASTRADO A UNA GUERRA EN TIERRAS EXTRANJERAS.

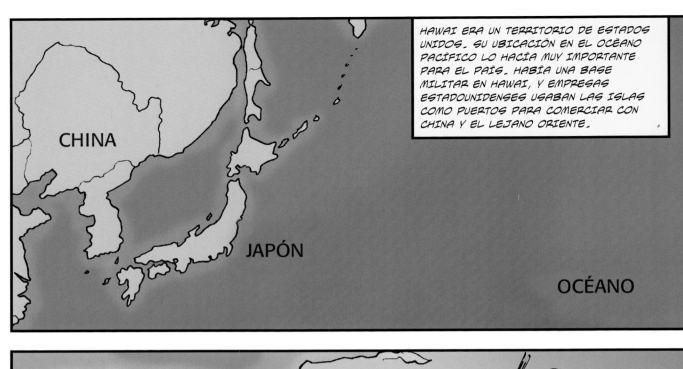

CHINA

JAPÓN

OCÉANO

HAWAI ERA UN TERRITORIO DE ESTADOS UNIDOS. SU UBICACIÓN EN EL OCÉANO PACÍFICO LO HACÍA MUY IMPORTANTE PARA EL PAÍS. HABÍA UNA BASE MILITAR EN HAWAI, Y EMPRESAS ESTADOUNIDENSES USABAN LAS ISLAS COMO PUERTOS PARA COMERCIAR CON CHINA Y EL LEJANO ORIENTE.

EN 1940, EL PRESIDENTE DE ESTADOS UNIDOS, FRANKLIN D. ROOSEVELT, TRASLADÓ LA FLOTA DE LA MARINA DEL PACÍFICO DE CALIFORNIA A HAWAI. SU CUARTEL, PEARL HARBOR, ESTABA EN LA ISLA DE OAHU.

ESTADOS UNIDOS

OAHU

HAWAI

PACÍFICO

SE LLAMA PEARL HARBOR O PUERTO DE PERLAS POR LA CANTIDAD DE OSTRAS QUE HAY EN SUS AGUAS Y POR SUS PRECIOSAS PERLAS. EL PUERTO ERA UN PARAÍSO TRANQUILO. SÓLO LA PRESENCIA DE BARCOS DE GUERRA ERA INDICIO DE LAS SERIAS MANIOBRAS MILITARES QUE SE LLEVABAN A CABO AHÍ.

¡LA BASE NAVAL ES UNA DAGA DIRIGIDA A NUESTRAS GARGANTAS!

HAWAII

LOS JAPONESES ESTABAN PREOCUPADOS POR LOS BARCOS DE ESTADOS UNIDOS QUE HABÍA EN PEARL HARBOR.

EL PELIGRO EMPEZÓ A AUMENTAR DÍA A DÍA . . .

EN 1941, EL PRESIDENTE ROOSEVELT ORDENÓ A LOS ESTADOUNIDENSES QUE YA NO VENDIERAN MÁS PROVISIONES DE GUERRA COMO ACERO Y PETRÓLEO A JAPÓN. ESTO ENFURECIÓ A LOS JAPONESES.

EN OCTUBRE, EL GENERAL HIDEKI TOJO SE CONVIRTIÓ EN EL PRIMER MINISTRO DE JAPÓN. DECIDIÓ ATACAR A ESTADOS UNIDOS. SU PLAN ERA HUNDIR TODA LA FLOTA DE LA MARINA DEL PACÍFICO EN PEARL HARBOR.

DIPLOMÁTICOS JAPONESES FUERON A WASHINGTON, D.C. PARA HABLAR CON FUNCIONARIOS DE ESTADOS UNIDOS.

HICIERON CREER QUE ESTABAN INTERESADOS EN LA PAZ. PERO EN REALIDAD ESTABAN PLANEANDO UN ATAQUE SORPRESA. IBAN A DESTRUIR "LA DAGA".

UNA MÁQUINA LLAMADA "MAGIA" LES PERMITIÓ A OFICIALES DE ESTADOS UNIDOS LEER MENSAJES CODIFICADOS ENTRE JAPÓN Y SUS DIPLOMÁTICOS. EN ESTADOS UNIDOS, LOS OFICIALES USARON ESTE NUEVO EQUIPO DE DECODIFICACIÓN PARA SABER QUE LOS JAPONESES NO ESTABAN INTERESADOS EN LA PAZ.

ESTE MENSAJE SE DEBE CONSIDERAR UNA ADVERTENCIA DE GUERRA . . . SE ESPERA UN ATAQUE DE JAPÓN EN LOS PRÓXIMOS DÍAS.

NO ADMITTANCE TOP SECRET

A FINALES DE NOVIEMBRE DE 1941, OFICIALES DE ESTADOS UNIDOS SE DIERON CUENTA DE QUE ALGO HORRIBLE ESTABA A PUNTO DE PASAR. ENVIARON UNA "ALERTA DE GUERRA" A LA MARINA Y AL EJÉRCITO DE ESTADOS UNIDOS EN EL PACÍFICO.

EN HAWAI, LAS ADVERTENCIAS LLEGARON AL ALMIRANTE HUSBAND E. KIMMEL, COMANDANTE DE LA FLOTA DEL PACÍFICO, Y AL TENIENTE GENERAL WALTER SHORT, AL FRENTE DE LOS SOLDADOS AHÍ.

ERA CLARO QUE EL TIEMPO SE ESTABA AGOTANDO. PERO NADIE SABÍA CUÁNDO NI CÓMO SERÍA EL ATAQUE.

EL 26 DE NOVIEMBRE DE 1941, LOS JAPONESES INICIARON SU TRAVESÍA. TREINTA Y TRES BARCOS LLAMADOS PORTAVIONES LLEVARON AVIONES DE GUERRA A HAWÁI.

LOS BARCOS ESPERARON A 220 MILLAS (350 KILÓMETROS) AL NORTE DE OAHU. SE LES DIJO A LOS PILOTOS DE LOS AVIONES DE GUERRA QUE ESPERARAN HASTA QUE SE LES ORDENARA ATACAR.

LA MARINA DE ESTADOS UNIDOS NO ESTABA ALERTA EL 7 DE DICIEMBRE DE 1941. PARA ELLOS, ERA UN DÍA MÁS.

ESE MISMO DÍA, ANTES DEL AMANECER, LOS PILOTOS JAPONESES SE PREPARARON PARA SU MISIÓN. LUEGO, 183 AVIONES DE GUERRA JAPONESES DESPEGARON.

PRONTO LOS SIGUIÓ UN SEGUNDO GRUPO DE 167 AVIONES.

ADELANTE Y MUY ABAJO ENCONTRARÍAN SU BLANCO: PEARL HARBOR.

A LAS 7:52 DE LA MAÑANA, LOS PRIMEROS AVIONES RUGIERON POR ENCIMA DE OAHU.

"¡TORA, TORA, TORA!", DIJO POR RADIO EL COMANDANTE DEL ATAQUE A SU ALMIRANTE. "TORA" (TIGRE) ERA LA PALABRA CLAVE QUE AVISABA QUE HABÍAN SORPRENDIDO AL ENEMIGO.

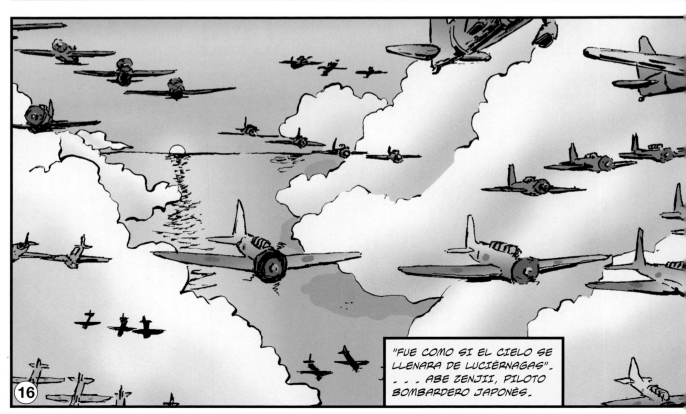

"FUE COMO SI EL CIELO SE LLENARA DE LUCIÉRNAGAS". . . . . ABE ZENJII, PILOTO BOMBARDERO JAPONÉS.

LOS PILOTOS JAPONESES PODÍAN VER LA FORMA DESIGUAL DEL BLANCO ABAJO. CON EL SOL DE LA MAÑANA, PODÍAN VER LAS FORMAS OSCURAS DE LOS BARCOS DE GUERRA DE ESTADOS UNIDOS ANCLADOS EN EL PUERTO TRANQUILO.

MIENTRAS AVANZABAN LOS JAPONESES, LOS ESTADOUNIDENSES SEGUÍAN CON SUS RUTINAS NORMALES POR LA MAÑANA. ALGUNOS MARINEROS ESTABAN LIMPIANDO LAS CUBIERTAS DE LOS BARCOS. ALGUNAS PERSONAS ESTABAN DESAYUNANDO. ALGUNAS FAMILIAS QUE VIVÍAN CERCA SE PREPARABAN PARA IR A MISA.

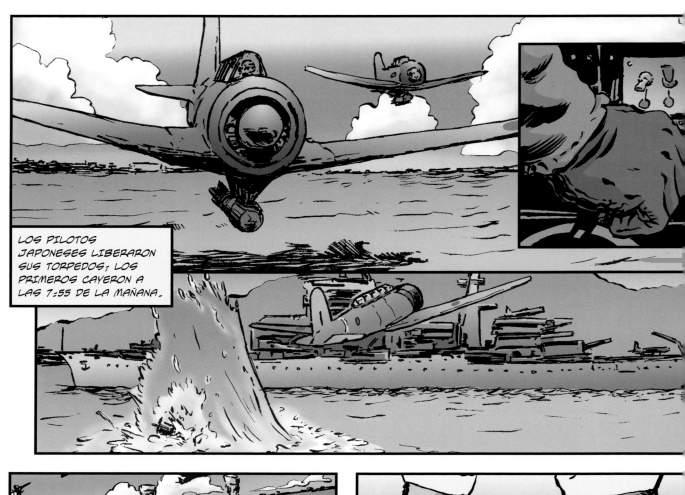

LOS PILOTOS JAPONESES LIBERARON SUS TORPEDOS; LOS PRIMEROS CAYERON A LAS 7:55 DE LA MAÑANA.

MARINEROS SORPRENDIDOS MIRARON SIN PODER HACER NADA MIENTRAS SE ACERCABAN LOS TORPEDOS. LOS ESTADOUNIDENSES FUERON TOMADOS POR SORPRESA. NADIE TUVO TIEMPO DE DEFENDERSE. EN UNOS MINUTOS, LOS BARCOS DE GUERRA WEST VIRGINIA, OKLAHOMA Y CALIFORNIA FUERON ATACADOS Y HUNDIDOS.

DE PRONTO, EL CIELO EXPLOTÓ CON TERRIBLES GRITOS Y EL SONIDO DE LAS EXPLOSIONES DE LOS AVIONES BOMBARDEROS. ESTABAN POR TODAS PARTES. NO HABÍA DÓNDE ESCONDERSE.

UNA GRAN BOMBA DIO EN LA CUBIERTA DEL ARIZONA. OCASIONÓ UNA EXPLOSIÓN QUE LANZÓ UNA BOLA DE FUEGO POR EL AIRE.

EN SÓLO NUEVE MINUTOS, EL GRAN BARCO SE HUNDIÓ. CASI LA MITAD DE LOS ESTADOUNIDENSES MUERTOS ESE DÍA ESTABAN EN EL ARIZONA.

PRONTO, EL TRANQUILO PUERTO ESTABA EN LLAMAS. EL PETRÓLEO DERRAMADO DE LOS BARCOS SE INCENDIÓ EN EL AGUA, Y QUEMÓ A LOS MARINEROS QUE SE LANZARON AL AGUA.

MARINEROS FORZARON PUERTAS PARA AYUDAR A LOS HOMBRES ATRAPADOS. GRITOS DE DOLOR DESDE EL AGUA SE MEZCLABAN CON EL RUGIR DE LOS AVIONES EN EL AIRE.

POOM

MIENTRAS LAS BOMBAS CAÍAN, LOS MARINEROS A BORDO DE LOS BARCOS CORRIERON A SUS PUESTOS DE BATALLA. DISPARARON SUS AMETRALLADORAS Y CAÑONES ANTIAÉREOS.

LOS AVIONES ENEMIGOS VOLABAN TAN BAJO QUE LOS ESTADOUNIDENSES PODÍAN VER LA CARA DE LOS PILOTOS. ¡ALGUNOS DE ELLOS SONREÍAN Y LOS SALUDABAN!

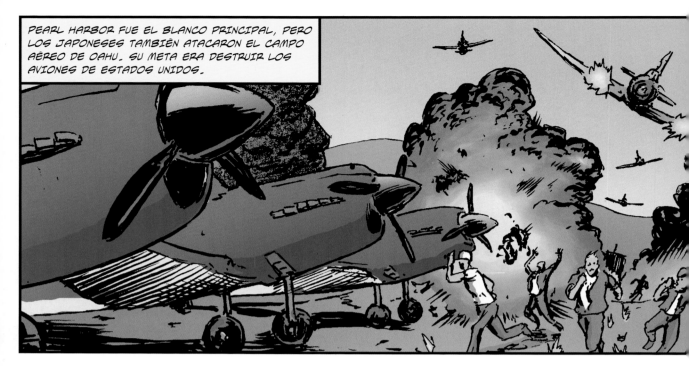

PEARL HARBOR FUE EL BLANCO PRINCIPAL, PERO LOS JAPONESES TAMBIÉN ATACARON EL CAMPO AÉREO DE OAHU. SU META ERA DESTRUIR LOS AVIONES DE ESTADOS UNIDOS.

SÓLO 14 PILOTOS DE ESTADOS UNIDOS LOGRARON DESPEGAR PARA RESPONDER AL ATAQUE.

24

LOS 14 PILOTOS LOGRARON DERRIBAR 11 AVIONES JAPONESES.

POCO ANTES DE LAS 10 DE LA MAÑANA, EL ÚLTIMO AVIÓN JAPONÉS REGRESÓ A SU PORTAVIONES. EL ATAQUE HABÍA TERMINADO.

RESCATISTAS TRATARON DE SALVAR A LOS MARINEROS ATRAPADOS EN BARCOS VOLTEADOS. LLEVARON A ALGUNOS A LUGARES SEGUROS, PERO TRISTEMENTE, MUCHOS MARINEROS MURIERON ANTES DE QUE PUDIERAN LLEGAR A ELLOS.

LOS HOSPITALES SE LLENARON DE LOS HERIDOS. NO HABÍA SUFICIENTES CUARTOS PARA TODOS.

PEARL HARBOR NAVAL HOSPITAL

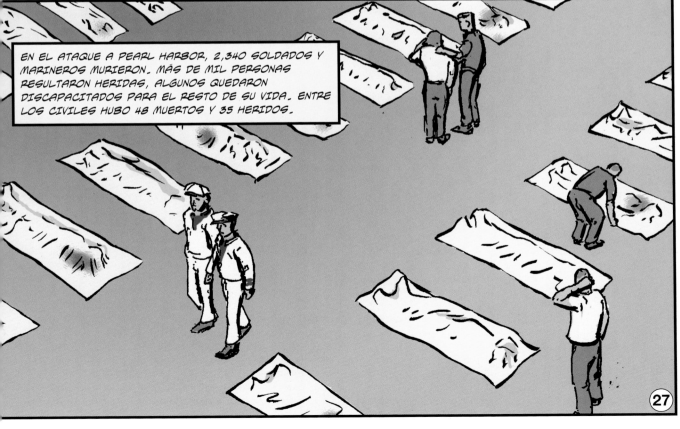

EN EL ATAQUE A PEARL HARBOR, 2,340 SOLDADOS Y MARINEROS MURIERON. MÁS DE MIL PERSONAS RESULTARON HERIDAS, ALGUNOS QUEDARON DISCAPACITADOS PARA EL RESTO DE SU VIDA. ENTRE LOS CIVILES HUBO 48 MUERTOS Y 35 HERIDOS.

PEARL HARBOR FUE UNA PESADILLA PARA LA MARINA DE ESTADOS UNIDOS; HUBO 21 BARCOS HUNDIDOS O DAÑADOS Y 164 AVIONES DESTRUIDOS. LA MARINA TRABAJÓ RÁPIDO PARA VOLVER A SER FUERTE. REPARÓ LA FLOTA. SACARON BARCOS HUNDIDOS. EN TAN SÓLO UNOS MESES, PEARL HARBOR ESTABA LISTO PARA LA GUERRA.

AYER, EL 7 DE DICIEMBRE DE 1941, SERÁ UN DÍA QUE VIVIRÁ EN LA INFAMIA . . .

EL 8 DE DICIEMBRE, EL PRESIDENTE FRANKLIN D. ROOSEVELT CONVENCIÓ AL CONGRESO QUE LE DECLARARA LA GUERRA A JAPÓN.

ALEMANIA E ITALIA LE DECLARARON LA GUERRA A ESTADOS UNIDOS. EL PAÍS HABÍA ENTRADO EN LA SEGUNDA GUERRA MUNDIAL.

DURANTE LOS SIGUIENTES TRES AÑOS, LOS ALIADOS CONTINUARON LUCHANDO EN LA SEGUNDA GUERRA MUNDIAL. ALEMANIA SE RINDIÓ EN MAYO DE 1945, PONIENDO FIN A LA GUERRA EN EUROPA. PERO JAPÓN SIGUIÓ PELEANDO. EL PRESIDENTE ROOSEVELT MURIÓ EN ABRIL DE 1945 Y EL NUEVO PRESIDENTE, HARRY S. TRUMAN, TENÍA QUE TOMAR UNA DECISIÓN DIFÍCIL: ¿CÓMO LOGRAR QUE JAPÓN SE RINDIERA? EN AGOSTO DE 1945, EL PRESIDENTE DIO LA ORDEN DE SOLTAR DOS BOMBAS ATÓMICAS, UNA SOBRE HIROSHIMA Y OTRA, UNOS DÍAS DESPUÉS, SOBRE NAGASAKI. EL 14 DE AGOSTO DE 1945, JAPÓN SE RINDIÓ.

DESPUÉS DE MILLONES DE MUERTES ALREDEDOR DEL MUNDO, LA SEGUNDA GUERRA MUNDIAL POR FIN HABÍA TERMINADO.

EN 1962, UN MONUMENTO CONMEMORATIVO FUE ABIERTO EN PEARL HARBOR. YACE SOBRE LA CUBIERTA DEL BARCO HUNDIDO ARIZONA. EL MONUMENTO CONTIENE LOS NOMBRES DE LOS MILES DE HOMBRES Y MUJERES QUE MURIERON DURANTE EL ATAQUE DEL 7 DE DICIEMBRE DE 1941.

TO THE MEMORY OF THE GALLANT MEN HERE ENTOMBED AND THEIR SHIPMATES WHO GAVE THEIR LIVES IN ACTION ON DECEMBER 7 1941 ON THE U.S.S. ARIZONA

PEARL HARBOR SIGUE SIENDO UNA IMPORTANTE BASE MILITAR. ES HOGAR DE MÁS DE 81,000 MIEMBROS DE LAS FUERZAS ARMADAS Y SUS FAMILIAS. ES UNA COMUNIDAD PACÍFICA Y FELIZ. QUEDAN POCOS RASTROS DE AQUEL TERRIBLE DÍA DE 1941. PERO LOS ESTADOUNIDENSES SIEMPRE "RECORDARÁN PEARL HARBOR".

PARA APRENDER MÁS

Air Raid—Pearl Harbor!: The Story of December 7, 1941. Theodore Taylor (Harcourt Children's Books)

The Attack on Pearl Harbor: America Enters World War II. First Battles (series). Tim McNeese (Morgan Reynolds Publishing)

The Bombing of Pearl Harbor. Landmark Events in American History (series). Michael V. Ushan (World Almanac Library)

Pearl Harbor. Checkerboard History Library (series). Tamara L. Britton (Checkerboard Books)

Remember Pearl Harbor: Japanese and American Survivors Tell Their Stories. Thomas B. Allen (National Geographic Children's Books)

SITIOS WEB

Pearl Harbor Attacked
www.pearlharborattacked.com

Pearl Harbor Raid, 7 December 1941
www.history.navy.mil/photos/events/wwii-pac/pearlhbr/pearlhbr.htm

Remembering Pearl Harbor
plasma.nationalgeographic.com/pearlharbor

Road to Pearl Harbor
history.acusd.edu/gen/WW2Timeline/RD-PEARL.html

USS Arizona Memorial
www.nps.gov/usar

Por favor visite nuestro sitio web en: www.garethstevens.com
Para recibir un catálogo gratuito en color, en el que se describe la lista de libros y programas multimedia de alta calidad de la World Almanac® Library, llame al 1-800-848-2928 (EE.UU.) o al 1-800-387-3178 (Canadá). Fax de World Almanac® Library: (414) 332-3567.

Library of Congress Cataloging-in-Publication Data available upon request from publisher. Fax (414) 336-0157 for the attention of the Publishing Record's Department.

ISBN-13: 978-0-8368-7892-9 (lib. bdg.)
ISBN-13: 978-0-8368-7899-8 (softcover)

Spanish Edition produced by A+ Media, Inc.
Editorial Director: Julio Abreu
Editor: Adriana Rosado-Bonewitz
Translators & Associate Editors: Luis Albores, Bernardo Rivera, Carolyn Schildgen
Graphic Design: Faith Weeks, Phillip Gill

First published in 2007 by
World Almanac® Library
A Member of the WRC Media Family of Companies
330 West Olive Street, Suite 100
Milwaukee, WI 53212 USA

Copyright © 2007 by World Almanac® Library.

Produced by Design Press, a division of the Savannah College of Art and Design
Design: Janice Shay and Maria Angela Rojas
Editing: Kerri O'Hern and Elizabeth Hudson-Goff
Illustration: Layouts by Guus Floor, pencils by Mike Bear, inks by Alex Campbell, color by Anthony Spay
World Almanac® Library editorial direction: Mark Sachner and Valerie J. Weber
World Almanac® Library art direction: Tammy West

Printed in Canada

1 2 3 4 5 6 7 8 9 10 10 09 08 07 06